MOSTRANDO MIS CICATRICES PARA LA GLORIA DE DIOS

Joanne Altagracia González Jiminián

Mostrando mis cicatrices para la gloria de Dios

Published by Spines

ISBN: 979-8-89569-676-7

Jgonzalez0823@hotmail.com

MOSTRANDO MIS CICATRICES PARA LA GLORIA DE DIOS

JOANNE A. GONZÁLEZ

DEDICATORIA

Al Dios Todopoderoso, mi amado padre. A mi único Rey y Salvador nuestro Señor Jesucristo. Al Espíritu Santo mi amigo y mi compañero.

Gracias por Su amor incondicional, Su providencia y Su gracia infinita. Que este libro sea un reflejo de Su luz y una herramienta para bendecir a otros, así como Usted ha bendecido mi vida. ¡Te amo Jesús!

A mi madre Cándida Jiminián, tu ejemplo de dedicación y perseverancia ha sido una fuente de inspiración para mí. Gracias mami por tu apoyo inquebrantable, tus sacrificios y por ver la vida siempre de una manera tan positiva. Gracias por siempre creer en mí.

A mi padre terrenal Puro González (fallecido), no pudiste haberme escogido mejor nombre. Aunque te tuvimos por poco tiempo nos regalaste todo tu amor. Partiste a destiempo, te recordaremos siempre.

A mi hermana Samira González, has sido como árbol plantado junto a corrientes de agua que se ha mantenido firme, a pesar de los fuertes vientos. Te admiro por tu tenacidad y empeño.

A mi hermano Néstor González (fallecido), siempre fuiste tan servicial y cariñoso con todo el mundo. Dejaste impregnado tu carácter en tus hijas.

A mi tío Reinaldo Jiminián (fallecido), abriste las puertas de tu casa y de tu empresa para mi madre, para mí y mis hermanos. Gracias por tu sabiduría y por tu entrega a la comunidad.

Padre, te agradecemos por el tiempo que nos permitiste compartir con ellos en esta tierra.

A mis amados hijos, Jonathan Rodríguez, Kimberley Castro y Samuel Vásquez, ustedes son un regalo divino que llena mi vida de felicidad y sentido. Gracias por su amor, su comprensión y su paciencia. Me siento muy orgullosa de ustedes.

A mi nuera Alany Rodríguez, quiero agradecerte de corazón por el maravilloso regalo que es mi nieto Gabriel y mi nieta que viene en camino. Tu dedicación y amor son evidentes en cada momento que compartimos. Me siento muy afortunada de que seas parte de nuestra familia.

Quiero que sepan que los errores son parte del camino y que cada uno de ellos nos enseña algo valioso. Aprendan de mis errores, pero no teman cometer los suyos propios. Cada tropiezo es una oportunidad para crecer y ser más fuertes.

Siempre recuerden que, con Dios, todo es posible. Su fe y confianza en Él les dará la fuerza para superar cualquier desafío y alcanzar sus sueños.

AGRADECIMIENTOS

A mis sobrinos Yamila Abreu, Luisito Abreu, Priscilla González, Camille González; mi cuñada Mercedes Medrano; mi cuñado Luis Abreu; a todos mis tíos, en especial a Lilian Jiminián, Nubia Jiminián y Fernando Jiminián; a todos mis primos, en especial a Raúl García y José Iván Mejía; gracias por siempre estar presentes en mi vida y brindarme su apoyo cuando más lo he necesitado. Tengo una familia muy extensa, y aunque no los mencione a todos, les doy las gracias porque permanecemos unidos a pesar de la distancia.

A mis compañeros del colegio, de la universidad, de la escuela ministerial, del trabajo, muchas gracias por acompañarme y dejar huellas imborrables.

A los hermanos miembros de mi congregación, diaconisas, directiva del servicio de damas, mi pastor Luis Ávila (fallecido) y su esposa Nelly Ávila, gracias por acogerme y darme tantas muestras de cariño y afecto. Gracias Señor por plantarme en esta casa de fe, donde he crecido y florecido para Tu Gloria.

Maricela López, Winston Rodríguez, mis líderes y mentores (David López y Jephte Ramos), quiero agradecerles por su invaluable ayuda en la corrección de este libro.

Alfida Ramos, gracias por tu cariño sincero y darme tu mano para sostenerme en el trabajo de parto de 24 horas, que dio lugar al nacimiento de tu nieto Jonathan.

Aura Guzmán y Luis Guzmán, gracias por abrirme las puertas de su hogar y de sus corazones. Su persistencia y perseverancia son inspiradoras.

Kevin Gómez, gracias por el diseño de la portada.

A los hombres y mujeres que no son hermanos de sangre, pero que han hecho un aporte significativo a mí personalmente y a toda mi familia, en especial a Sasha Destinoble, y Mery González, gracias por su colaboración.

Gracias a todos por contribuir en gran manera a que este esfuerzo haya llegado a ser una realidad. Gracias del alma.

El gozo del Señor es mi fortaleza.
¡Regocijaos en el Señor!

ÍNDICE

PRÓLOGO

Cicatrices:

Isaías 53:5: "Mas él herido fue por nuestras rebeliones, molido por nuestros pecados; el castigo de nuestra paz fue sobre él, y por su llaga fuimos nosotros curados."

Las cicatrices son parte del proceso de curación cuando el cuerpo repara una herida en la piel. Existen cicatrices visibles en diferentes partes del cuerpo causadas por heridas físicas, y cicatrices invisibles emocionales causadas por daños psicológicos traumáticos. También hay cicatrices espirituales resultado de la rebelión del pecado, que causan tanto dolor en el alma, y vergüenza de mostrarlos, que nadie quiere llevar una de esas marcas, ni en la piel ni en el alma. Sin embargo, muchas veces son inevitables. ¡Pero las cicatrices son el cierre de una herida!

Joanne González escritora de este libro: **Mostrando mis cicatrices para la gloria del Dios**, conocida en nuestra congregación como la hermana Johana González, plasma su experiencia en estas páginas. Abre su corazón para contarnos parte de sus dolorosas experiencias, causadas por heridas graves visibles en su cuerpo físico, así como heridas emocionales y espirituales. Pero de todas ellas la ha librado el Señor, como dice el libro de los **Salmos 34:19**

"Muchas son las aflicciones del justo, pero de todas ellas le librará Jehová"

Joanne González es una mujer de fe y de carácter fuerte porque ha podido levantarse y superar todos los obstáculos de la vida. Todas las heridas causadas por diferentes factores fueron curadas por la sangre de nuestro Señor y Salvador Jesucristo. Las heridas físicas intervenidas por la ciencia médica y también sanadas maravillosamente por la naturaleza; ¡maravillas del Eterno! Las heridas del alma fueron sanadas por el amor de Dios, y las heridas espirituales sanadas por el perdón y la misericordia del Amado.

Hoy, Joanne sirve al Señor como diaconisa de nuestra congregación, Iglesia Evangélica Elim, inc. En Hempstead NY. También forma parte del grupo de mujeres, compartiendo su fe, su testimonio, y su amor por Jesucristo a otras mujeres. Se que hay muchas mujeres y hombres que no hablamos de nuestras historias y heridas por vergüenza y dolor, porque golpearon nuestra integridad, pero también fueron curadas y cicatrizadas por El Hijo de Dios en la Cruz.

Joanne González nos cuenta su testimonio no para victimizarse, como ella lo menciona en el libro mismo, sino para mostrar como las heridas causadas por la violencia fueron sanadas y cicatrizadas para la gloria del Eterno. La escritora subraya el testimonio de la gran obra redentora del Señor Jesucristo en su vida, demostrando que Dios todo lo puede restaurar para su gloria por amor de su nombre.

Isaías 53:4 "Ciertamente llevó él nuestras enfermedades, y sufrió nuestros dolores; y nosotros le tuvimos por azotado, por herido de Dios y abatido".

Se que este libro será de mucha bendición para cada lector que tendrá la oportunidad de leerlo y compartirlo con otros porque el propósito de la escritora es llevar el mensaje del amor de Dios a muchas más vidas.

En el madero, en la cruz, fueron curadas las heridas para la gloria del Padre.

Porción bíblica mencionada siempre por la hermana Joanne González: **"Todo lo puedo en Cristo que me fortalece". Filipenses 4:13**

Pastor David López
Iglesia Evangélica Elim

INTRODUCCIÓN

Cicatriz:

Señal que queda en la piel después de curarse una herida o lesión.

Impresión que queda en el alma causada por algún sentimiento o suceso pasado.

Nosotros, todos los humanos que hemos sufrido una herida profunda, tenemos una cicatriz, yo tengo múltiples cicatrices en mi cuerpo, pero también las heridas del alma cuando se sanan nos dejan cicatrices. De eso es lo que trata este libro, de todas las cicatrices o marcas que tengo tanto físicas como del alma.

Este libro no busca que nadie sienta lástima o que sea juzgada por todo lo que ha acontecido a lo largo de mi vida. Tampoco quiero hacerme la víctima porque soy una sobreviviente. Este libro ha sido ordenado e instruido por Dios para que sirva de testimonio a otros que se encuentran en el mismo lugar dando vueltas y caminando sin rumbo fijo. Sumergidos en la misma rutina, sin tiempo para cultivar una relación de intimidad con su creador, su hacedor, con aquel que nos amó primero desde el vientre de nuestra madre.

Subyugados a los placeres de este mundo y de la carne, donde el ego, el orgullo y la vanidad juegan un papel transcendental, que no los deja mirar ni seguir hacia el blanco perfecto que es Cristo.

He tenido el privilegio y el honor de escuchar la voz de Dios y de tener una experiencia personal con el ángel de Jehová. A través de estas páginas, narro todos los detalles de cómo acontecieron las cosas para la gloria de Dios.

Hace más de 15 años que recibí las instrucciones de escribir un libro, pero nunca había sentido tanto la necesidad de hacerlo como hasta ahora. Te pido perdón, Señor, por no haberlo hecho antes cuando me lo indicaste. Yo misma fui parte de ese círculo vicioso que nos mantiene atrapados en las cosas de este mundo.

Doy gracias a Dios Todopoderoso por su infinita misericordia con mi familia y conmigo, y por haberme dado la oportunidad de escribir este libro para su honra y para su gloria.

1

TRAGEDIA A TEMPRANA EDAD

Salmos 68:20 (NBLA)

"Dios es para nosotros un Dios de salvación, y a Dios el Señor pertenece el librar de la muerte"

Nací en la ciudad de Santo Domingo, República Dominicana, el 23 de agosto de 1969. Al nacer, mi padre eligió un nombre inglés para mí, aun viviendo en un país latino. Imagínate, me llamaban de todas las maneras posibles, menos de la forma correcta. Es como si él hubiera previsto que, más adelante, viviría en un país extranjero. Ahora que sé lo que mi nombre significa, "Dios ha sido misericordioso", me siento muy honrada.

Me crié en un hogar lleno de amor. Soy la mayor de tres hermanos. Tengo un hermano (Néstor) y una hermana (Samira). Mi madre (Cándida) era profesora y mi padre (Puro) era militar. A los 5 años ya sabía leer y escribir.

Voy a narrar uno de los acontecimientos más dolorosos que puede sufrir un niño a tan corta edad, sobre todo cuando ha sido criado con mucho amor por sus padres y en una familia ejemplar. Mi padre llegaba los viernes y se marchaba los lunes en la madrugada, ya que trabajaba en un barco que estaba en altamar. Solo lo veíamos los fines de semana.

Un domingo, el 24 de julio de 1977, mi tía Lilian nos despertó diciendo: "Levántense que su papá se murió". Mi padre había sido asesinado a quemarropa con una escopeta por el guardia de un club, quien lo confundió con un ladrón. Visualiza esta escena: mi padre en el suelo, herido, intentando levantarse e irse caminando para regresar a casa, que no estaba tan lejos. Estaba caminando y haciendo ejercicio, cuando, de repente, recibió un disparo en el estómago. Alguien paso por el lugar, lo vio tirado y llamó a la ambulancia. Al llegar al hospital, murió.

Imagínate el asombro de tres niños de 5, 6 y 7 años que, la noche anterior, se despidieron de su padre y luego lo vieron en un ataúd. Nunca olvidaré el funeral de mi padre; era una niña y todavía lo recuerdo. Cierro mis ojos y puedo verlo en la caja, con algodón en sus oídos, nariz y boca. Mi hermana y yo estábamos paradas a los lados de la caja como dos zombies. Estábamos en shock desde que recibimos la noticia. Al otro lado, mi madre y mi hermano lloraban sin consuelo.

Un entierro de un marino es un evento solemne y profundamente emotivo, lleno de tradición, honrando la vida y el servicio del difunto al mar y su país. El cuerpo de mi padre, envuelto en la bandera nacional, estaba bajo la lluvia mientras se escuchaba una melodía tocada por todos los oficiales. Dispararon tiros al aire, doblaron la bandera y se la entregaron a mi madre en la mano. Cuando bajaron el ataúd en el cementerio, mi madre quiso lanzarse en el hoyo, y ahí fue donde mi hermana y yo reaccionamos, tomando conciencia de lo sucedido e irrumpiendo en un mar de lágrimas. Fue enterrado con altos honores, ya que en ese momento estaba a punto de ser ascendido a Mayor de la Marina de Guerra.

Quería mucho a mi padre, y constantemente, le preguntaba a Dios por qué se lo había llevado. Un día, al poco tiempo de su partida, estábamos mis hermanos y yo en el auto con mi madre. Ella puso el auto en reversa, pensando que estaba en marcha hacia delante, y aceleró tan fuerte que el auto salió disparado a la avenida y cruzó al otro lado de la calle. Fue un verdadero milagro que no tuvimos un accidente fatal. Mi madre quedó viuda a los 30 años con 3 niños pequeños.

Luego dejamos nuestra casa y nos fuimos a vivir al Ensanche Luperón con mi tía Nubia, su esposo Piro y mis primos Raúl y Rafa durante un año. En agosto de 1979, sobrevivimos al huracán llamado David, que azotó fuertemente la isla.

Luego nos mudamos a la provincia de La Vega, RD Mi tío Reinaldo había fundado una compañía llamada Pollos Veganos. Le ofreció a mi madre trabajar con él, y ese fue el motivo por el que nos trasladamos a la ciudad culta y olímpica de La Vega, RD De esta época tengo recuerdos muy bonitos; hasta nos llevaban en coche (carro jalado por un caballo) a la escuela a mis hermanos y a mí. En junio de 1985, terminé mis estudios de bachillerato en el Colegio Agustiniano. Como muchos de mis compañeros del colegio, fui a la universidad en Santiago. Formamos un grupo llamado "los igualitos", que hasta el día de hoy permanecemos unidos con mucho cariño y hermandad. En junio de 1990, me gradué de Ingeniería de Sistemas de La Pontificia Universidad Católica Madre y Maestra (PUCMM). Con ellos también estoy en un grupo, en el cual nos mantenemos comunicados.

2

DEL PALACIO AL DESIERTO

Oseas 2:14 (RVR 1960)

"Pero he aquí que yo la atraeré y la llevaré al desierto, y hablaré a su corazón"

Hasta este momento, había tenido una vida de palacio. Mi madre siempre se preocupó de que no nos faltara nada materialmente hablando, y en nuestro país, algunas personas tenemos la fortuna de contar con ayudantes en el hogar. En otras palabras, en mi casa siempre hubo trabajadoras que limpiaban la casa, cocinaban, lavaban y planchaban. Me concentré tanto en estudiar y trabajar que, a los 20 años, aún no había tenido un novio.

Fui bautizada en la Iglesia Católica, estudié en un colegio católico y asistí a una universidad católica. Fui criada con principios y valores. Se podría decir que conocía mucho de religión y que siempre asistía a misa.

Desde ese momento, comenzó lo que puedo calificar como mi traslado al desierto. Empecé a experimentar una montaña rusa de situaciones que han ido moldeando mi carácter. Lo primero que sucedió fue que, en esa época, tenía anillos de oro en casi todos los dedos de mis manos, cadenas y aretes. Una trabajadora que había en la casa me robó todas mis prendas y no me dejo nada. Ahora puedo entender muy bien lo que dice la palabra: Dios no comparte su Gloria con nada ni con nadie. A veces, el oro que llevamos en las prendas nos hace sentir orgullosos y ser muy vanidosos.

En el verano de 1991, viajé con mi hermana Samira a Nueva York. Nos alojamos en la casa de una tía en Corona, Queens. En este viaje, nos ocurrieron muchas cosas, incluido un brote de viruela a las dos, pero lo más significativo fue que conocí a Juan, un amigo de mis primos. Después de ir a una fiesta y verme forzada a dormir con él, quedé embarazada, aunque no lo supe hasta que regresé a mi país. Fue un golpe muy duro para toda mi familia, en especial para mi madre, porque no me había casado.

Estaba tan consternada con la situación que no sabía qué hacer. No quería arruinar el nombre y la reputación de mi madre. Yo, que había sido una hija modelo, ejemplo para mis hermanos y me había graduado a mis 15 años del bachillerato, había fallado. Mi madre y mis hermanos me cuidaban tanto, y en un descuido sucedió esto.

Tomé la decisión de regresar a Nueva York y vivir cerca de Juan, ya que al principio él no quería aceptar que iba a tener un hijo de él. Su madre, Alfida, me ayudó para que él aceptara la situación, y me quedé a vivir con ellos. En marzo de 1992, tuve mi primer hijo, Jonathan, y poco después me casé con su padre. Cuando mi hijo tenía 9 meses, regresamos a La Vega y nos quedamos a vivir allá.

En 1993, mi hermana Samira se casó con mi cuñado Luis en una ceremonia muy bonita por la iglesia, a la que tuvimos el placer de asistir.

En 1994, Juan tuvo un accidente en una motocicleta y se fracturó el fémur de la pierna izquierda. Fue sometido a una cirugía y lo enyesaron. Después de 3 meses, como el hueso no sanaba, su madre se lo llevó para recibir tratamiento en Nueva York, mientras yo me quedé trabajando y cuidando a nuestro hijo.

Cuando mi hijo tenía 4 años, me divorcié de su padre por motivos de infidelidad. Sufrí mucho con ese engaño, especialmente porque la otra mujer estaba embarazada. Esta no era la primera vez que me había sido infiel. Esta fue la **primera cicatriz en mi alma.** Lloraba mucho y me preguntaba qué había hecho para merecer esa traición. Incluso tuve que acudir a una psicóloga debido a la depresión y la ansiedad. También, cabe mencionar que , me diagnosticaron una úlcera sangrante en el duodeno y me operaron de la vesícula, que estaba llena de piedras. Esta fue la **primera cicatriz física** que tengo. En aquella época, no se operaba la vesícula con rayos láser, así que tengo una cicatriz bastante grande en el lado derecho del abdomen. Me recuperé con la ayuda de Dios y seguí trabajando y criando a mi hijo.

3

LA VIDA NO ES UN ACCIDENTE

Isaías 44:2 (TLA)

"Yo soy Dios, tu creador; yo te formé desde antes que nacieras, y vengo en tu ayuda".

A finales de 1997, decidí regresar a los EE. UU. y me mudé al Bronx. Empecé a trabajar en una fábrica en Manhattan. Tenía que tomar el tren para ir al trabajo. En ese lugar conocí a Francisco, que era mi supervisor. Después de un tiempo, comencé a salir con él y, para mi sorpresa, volví a quedar embarazada. Cuando se lo comuniqué a Francisco, él insistió en que yo iba a tener un varón y que no quería más varones. Sin embargo, yo había tenido un sueño en el que encontraba a una niña en un apartamento en llamas. Francisco me ofreció pastillas para interrumpir el embarazo, pero yo le respondí que iba a tener una niña y que sería de color. Rechacé su petición y le dije que iba a tener a mi hija y que al que iba a dejar era a él.

Durante mi embarazo, viví sola en un apartamento infestado de ratones. Cada vez que me sobresaltaba, sentía a la criatura moverse en mi vientre. Además, mi hijo Jonathan sufrió de asma y varias veces tuve que llamar a la ambulancia porque no podía respirar normalmente. La mano de Dios estuvo presente en todo momento, incluso cuando me quedé sin trabajo.

En marzo de 1999, nació mi hija Kimberley. Su nacimiento no fue un error o un percance, y su vida no es una casualidad de la naturaleza. Puede que yo no lo haya planeado, pero Dios lo hizo. No le sorprendió en absoluto su nacimiento. A los 21 días, mi madre, que había venido para el parto, nos llevó con ella a La Vega otra vez porque no quería dejarme sola con un niño de 7 años y una bebé recién nacida. Con dos hijos a mi cargo, regresé a la universidad y obtuve una Maestría en Administración de Empresas. Mi madre, como siempre, nos brindó su apoyo y nos quedamos con ella en su casa.

Un domingo que fuimos al campo y dejamos a mi madre sola en la casa, ella se quedó dormida y escuchó un ruido. Al despertar, encontró a dos ladrones que habían entrado a robar. Los ladrones le ataron los pies y las manos y le vendaron los ojos. Revolvieron todo y no encontraron nada de valor y le dijeron que estaban buscando armas de fuego, joyas, pasaportes y dinero en efectivo. Uno de ellos le dijo al otro que tendrían que matarla si no les decía dónde estaba el dinero. Mi madre, al escuchar esto, les dijo que había un brazalete de oro en un bolsillo de uno de los trajes de mi padre que todavía conservaba. Lo encontraron y se fueron, dejándola amarrada. Gracias a Dios el incidente no paso a mayores. Mi madre, valiente como siempre, se fue a trabajar al día siguiente.

Después de esto, comencé a trabajar como gerente de Informática en Pollos Veganos. Allí conocí a un empleado llamado Carlos, quien era 10 años menor que yo. Carlos me influenció para que, por tercera vez, me mudara a los EE. UU. Vendí lo que tenía y, el 4 de julio de 2003, me fui con mis dos hijos.

Antes de irme pude asistir a la boda de mi hermano Néstor con mi cuñada Mercedes.

Aquí podemos ver que cuando Dios tiene un destino para nosotros, se cumple. Definitivamente, Él quería que estuviera en los EE. UU. para que se cumpliera su propósito.

Al llegar a la casa de mi prima Zoila, quien me recibió por unos días, me reuní con Carlos. Me dijo que yo era una mujer muy buena, pero que él tenía una mujer embarazada en La Vega y que debíamos seguir nuestros caminos por separado. Hay personas que juegan con los sentimientos de los demás y no se dan cuenta de la repercusión de sus actos. Salí de ahí desmoralizada sin saber qué hacer. Decidí que no volvería a La Vega otra vez derrotada, así que, con 2,000 dólares en los bolsillos, comencé a buscar un apartamento donde mudarme. **Salí de allí con una cicatriz profunda en el alma,** pero Dios, en su infinita misericordia, me dio las fuerzas para salir adelante.

4

MILAGRO DE VIDA

Salmos 34: 7 (RVR 1960)

"El ángel de Jehová acampa alrededor de los que le temen, y los defiende".

Encontré una habitación que me alquilaban con cocina y baño en un segundo piso de una casa. El dueño de la casa me ayudó a buscar trabajo en el Belmont Racetrack (Hipódromo de caballos de carreras). Me dieron trabajo en la cocina, detrás del mostrador, sirviendo comida.

Con el tiempo, conocí a Catarino (Pablo) y comencé a salir con él. Luego me mudé a vivir con él. Mientras él estaba en otro hipódromo, en Saratoga, conocí a un hombre llamado Dick, quien me propuso matrimonio. Decidí terminar con Pablo y aceptar la propuesta de Dick debido a la situación legal en la que me encontraba.

En septiembre de 2004 me casé con Dick. Él se enamoró de mí y asumió con seriedad su papel de esposo y padre de mis dos hijos. Sin embargo, se volvió muy celoso y quería controlar hasta con quién yo hablaba. A todo esto, yo todavía seguía trabajando en el hipódromo y Pablo también trabajaba allí. La situación se tornó muy insoportable, sobre todo cuando descubrí que consumía drogas. Finalmente, le pedí que se fuera de la casa. Aunque de mala gana y en contra de su voluntad, se fue porque la seguridad de mis hijos y la mía era más importante que mantener una residencia.

Compré un auto que él registró a su nombre. Cuando empezó a seguirme y a acosarme, decidí solicitar una orden de protección en la corte. Cuando lo enfrenté en la corte, me dijo que lo que yo estaba solicitando era una orden de provocación. Una noche llegó con la policía para llevarse el auto. Me costó dejar el trabajo en el hipódromo porque él también trabajaba allí y salía de noche.

El 5 de septiembre de 2005, había enviado a mi hija a La Vega con mi madre de vacaciones y mi hijo se encontraba con su padre. Yo estaba sola en una tienda de 99 centavos que se encuentra en Elmont, Long Island. Al salir por la puerta de la tienda, para mi sorpresa, me encontré de frente con Dick. Me dijo: "Hasta aquí llegaste" y sacó una cuchilla de cortar cajas, tratando de cortarme el cuello por el lado de la vena aorta. Tuve la oportunidad de girar la cabeza, y me cortó en el lado derecho, cortando la vena yugular y la arteria carótida.

No sé cómo llegué dentro de la tienda, que estaba llena de gente. Él les dijo que nadie se entrometiera porque saldrían mal librados. En el suelo, peleaba con él, quien seguía cortándome e intentaba sacarme un ojo porque él tenía un ojo de vidrio. En un momento, la cuchilla se atascó después de cortarme debajo de un seno. Me despejé el pelo de la cara, vi mis manos llenas de sangre, e hice una oración: "Señor ven en mi auxilio, Tú sabes que me quedé huérfana a temprana edad y Tú has sido mi padre. Te pido que, por favor, no dejes a mis hijos sin madre, ya que no tienen padre. Permíteme verlos crecer".

Al instante, sentí dos manos que no eran humanas que me levantaron del suelo. Pasé junto a Dick, quien me cortó en la espalda, y corrí hacia el fondo de la tienda. Una señora que estaba al fondo me abrió los brazos, me recibió y me dijo que ya no corriera más, que no venía detrás de mí. Caí al suelo, buscaron una toalla y me la pusieron en el cuello. La policía y la ambulancia llegaron, y a pesar de toda la sangre que había perdido, permanecí consciente.

La policía me preguntó quién lo había hecho, y les respondí. Había helicópteros buscando a Dick, quien fue encontrado en el hipódromo jugando a las carreras de caballos, con la misma ropa ensangrentada. Cuando vio llegar a la policía que venía a arrestarlo dijo: "Sí, yo la maté". Le informaron que no había muerto, que estaba viva e iba rumbo al hospital en una ambulancia. Me llevaron al hospital Winthrop en Mineola, donde me operaron de vida o muerte. El médico me dijo que no había nadie que pudiera autorizarlo, y yo le pedí que hiciera lo que estuviera a su alcance para salvarme la vida.

Mientras me operaban, mi madre recibió una llamada en mi país, de mi primo Jose Ivan, informándole que me habían dado 28 puñaladas y que estaba en la sala de cirugía. Ella tomó el primer avión que encontró y salió a los EE. UU.

Al despertar de la cirugía, me encontré entubada y apenas podía respirar. Llamé a la enfermera y le hice una seña para que me buscara algo donde escribir. Me buscó un papel y le dije que si me podía retirar el tubo que me estaba asfixiando. Llamó al médico y gracias a Dios me lo quitaron. Me sentaron en una silla y el médico no paraba de mirarme. Le pregunté qué pasaba y él me contestó que no podía creer que estuviera viva y no haya muerto o quedado como un vegetal. Entonces le pregunté al doctor si no creía en los milagros.

Al salir del hospital, me tocó estar presente en la corte para la sentencia de Dick. El juez lo declaró culpable de intento de asesinato y lo condenó a 15 años de prisión. Nadie podía creer lo sucedido. Estuve en recuperación por un período de 6 meses porque no podía mover el cuello. También asistí a grupos de ayuda donde conocí a Dina, una señora guatemalteca que se convirtió en mi amiga.

Aquí podemos ver que nadie puede quitarte la vida, si ese no es el día que está escrito por Dios que vas a partir de esta tierra. Esta

cicatriz en mi cuello, que todos pueden ver, sigue siendo visible incluso después de tantos años.

Fueron momentos de terror, pesadillas y mucho dolor, especialmente al mirarme en el espejo y no poder mover el cuello durante casi seis meses. Dios ha sido bueno, y en Su infinita misericordia, me dio una oportunidad de vida en la que literalmente nací de nuevo.

5

MI SOCORRO VIENE DE JEHOVÁ

Salmos 40: 1 (RVR 1960)

"Pacientemente esperé a Jehová, y se inclinó a mí, y oyó mi clamor".

Para la gloria de Dios, a mediados de 2006, Dina me hizo una invitación a la Iglesia Evangélica Elim, donde inmediatamente me hicieron sentir como en casa. El pastor, Luis Ávila, y su esposa, Nelly, fueron un apoyo muy importante para mí. Allí empecé a alabar y adorar a Dios por medio de las alabanzas, a estudiar la Biblia y a caminar con Él. Presenté mis hijos al Señor, me convertí al evangelio y me bauticé en las aguas.

Durante el tiempo que estuve sin trabajo, hice un curso de QuickBooks y luego comencé a trabajar como facturadora en una distribuidora de galletas en Garden City Park.

Me sentía muy tranquila hasta que llegó Pablo de México en agosto de 2007. Él se había ido un año antes con el compromiso de que yo lo ayudara a regresar. Es en ese momento cuando, al recordar todo lo sucedido, te das cuenta de lo que no pudiste ver en su momento. Me estafaron con $1,500 dólares, haciéndome creer que lo tenían detenido en la frontera. Ya Dios venía dándome instrucciones y yo no las estaba oyendo. Finalmente, Pablo cruzó la frontera y llegó a mi casa. Sin darme cuenta, quedé embarazada. Esta fue la cereza en el pastel, ya que, a los 39 años, en abril de 2008, nació mi hijo Samuel. Mi madre vino por un mes para ayudarme con el bebé.

Después que ella se fue, me enteré de que Pablo estaba casado en México y que tenía dos hijos. En este momento comenzaron a suceder muchas cosas. Mi hijo Jonathan sacó su licencia de conducir. Teníamos un Chevrolet Cavalier negro estacionado afuera en la calle cuando un conductor borracho chocó con él y se estrelló en el frente de la casa de al lado en Elmont. Tuve la dicha, gracias a Dios, que me pagaron el auto y me dieron $3,000 dólares. Vivíamos en un sótano que pronto se llenó de cucarachas. Pablo decidió irse de la casa y mudarse al hipódromo, ya que empezamos a tener problemas con los dueños del apartamento, quienes nos pidieron que nos mudáramos.

Me quedé sola con mis tres hijos y llamé a una hermana de la iglesia que se llama Lidia. Le pedí que oraran por mí porque necesitaba encontrar un apartamento. Ella me respondió: "Claro, hermana, oraremos por ustedes. ¿Pero usted qué va a hacer?" Le pregunté qué quería decir con eso, y me contestó: "También tiene que orar.". Esa noche me dispuse a orar, de rodillas, llorando y clamando a Dios por misericordia, cuando de un momento a otro escuché una voz que me decía: **"Ordena tu casa"**.

Fue la primera vez que escuché la voz de Dios. ¡Qué privilegio tan grande! Gracias, Padre, por hablarme. Asistía a células de la iglesia los sábados con mis hijos, y un hermano llamado Marvin, a quien conocía desde que llegué a la iglesia, siempre me decía: "Hermana, estamos orando por un milagro".

Después que tuve el incidente con Dick y que me sentía mejor, solicité la Sección 8. Me la negaron en ese momento y me pusieron en lista de espera. En noviembre de 2008, comencé a tocar todas las puertas y encontré a alguien que me llevó a hablar con la directora del departamento de la Sección 8. Para la gloria de Dios, se abrió la puerta y me alquilaron un apartamento en el segundo piso de una casa en Long Beach, Nueva York, al que nos mudamos en enero de 2009.

En ese momento, tuve que tomar una decisión: dejé a Pablo y me fui con mis hijos. Él se quedó, y yo me fui con dolor en el alma, ya que no era nada fácil estar con tres hijos y sola. Pero el Señor nunca me ha abandonado y siempre llega a tiempo en los momentos más difíciles de nuestra vida. Esta **cicatriz** fue muy dolorosa, pero hay momentos en los que uno debe elegir entre lo que uno quiere hacer y en lo que Dios dice que debes hacer.

6

PAZ EN LA TORMENTA

Juan 14:27 (NTV)

"Les dejo un regalo: paz en la mente y en el corazón. Y la paz que yo doy es un regalo que el mundo no puede dar. Así que no se angustien ni tengan miedo".

En junio de 2009, mi hijo Jonathan tuvo un accidente al chocar contra el muro de contención del Cross Island Parkway. Gracias a Dios salió ileso, solo fue necesario realizarle una pequeña cirugía en la nariz, ya que la bolsa de aire le provocó un corte. Quedó con varias cicatrices en la cara por mucho tiempo.

En ese momento de mi vida, básicamente me dediqué a criar a mis hijos y a trabajar. No tenía nada de malo lo que estaba haciendo, pero en retrospectiva, aunque iba a la iglesia los domingos, me dejé absorber por las actividades diarias: trabajar, cocinar, limpiar la casa, ayudar a los niños con las tareas, y lo más trascendental educar y formar a tres hijos de edades diferentes y en etapas diferentes de su vida. Desde este momento es que comencé a notar cómo descuidé mi relación con Dios. Es fácil, cuando todo está bien, olvidar poner al Señor en primer lugar. Es fácil decir "estoy cansada" y dejar que el sueño te venza sin orar. Cuando empezamos a poner excusas y sobre todo si nos dejamos influenciar por las corrientes de este mundo, nos convertimos en creyentes tibios, o simplemente se endurece nuestro corazón y ya no sentimos nada.

En octubre de 2012, me quedé en casa cuando pasó el huracán Sandy. Estaba con mis dos hijos menores. El mayor no estaba, ya que trabajaba en Queens. No lo dejaron pasar porque cerraron el puente de Long Beach. Una amiga me llamó y me preguntó si aún estaba en la casa; le dije que sí, y me respondió: "Ya no puedes salir, el agua está en la calle, lo acabo de ver en la televisión". Yo vivía cerca del canal. Al instante, miré por la ventana y efectivamente, en ese momento se cortó la luz y pude ver como un río se aproximaba frente a la casa. El agua corría por todas partes, y desde la escalera ya se veía cómo entraba al primer piso. Nosotros vivíamos en el segundo piso.

Quiero decirte que, por alguna razón que no entendí en ese momento, una fuerza muy dentro de mí, el Espíritu Santo, no me permitió salir de la casa. Entonces, comencé a asustarme, pensando por qué no me fui cuando los bomberos vinieron a buscar a una señora de la casa de enfrente. Abrí la ventana y comencé a hablarle a los vientos y a la tempestad y a ordenarles que en el nombre del Señor Jesús se calmaran. Por increíble que parezca, para la Gloria de Dios, los vientos se empezaron a calmar, la lluvia cesó y las aguas comenzaron a bajar.

Intentamos quedarnos en la casa, pero hacía demasiado frío. Solo se dañó mi auto que se inundó. Estuvimos un mes fuera de nuestra casa porque no teníamos electricidad. Pero gracias a Dios recibí una bendición sobrenatural después de esta tormenta: recibí tres veces el valor que pagué por el auto. Dios es grande y ahora entiendo como su mano estuvo ahí con nosotros a través de esta tormenta. Samuel se encontraba en jardín de infantes (pre-kinder) y su escuela se inundó. Agradezco mucho a Alan y Ony, los padres de la novia de Jonathan, que nos brindaron apoyo y nos alojaron en su casa. El *boardwalk* (malecón) fue destruido completamente por las fuertes olas que trajo la tormenta. Long Beach parecía un pueblo fantasma.

En marzo de 2014, celebramos los 15 años de mi hija Kimberley. Fue una ceremonia muy hermosa que se llevó a cabo en la iglesia, y ella se veía preciosa con su vestido verde. Entró escoltada por su hermano mayor.

En el verano de 2015, una noche mientras trapeaba el piso de la cocina, me resbalé y caí. Me fracturé la muñeca de la mano derecha. Me hicieron una cirugía y me enyesaron el brazo. Sentía que ese brazo pesaba más de 50 libras. No le deseo esto ni a mi peor enemigo, porque quebrarse un hueso es sumamente doloroso. Ahora tengo una placa de metal en la muñeca y una **cicatriz** en la parte interna del brazo.

Quiero que te imagines esa caída: yo, en el aire, perdí el equilibrio y caí hacia atrás. Pude haberme dado un fuerte golpe en la cabeza o lastimarme la columna, pero Dios me protegió y solo me quebré la muñeca. Incluso aprendí a usar la mano izquierda, que casi no uso porque soy diestra. De todo se aprende, incluso, de las caídas más duras. Dios es infinitamente grande y misericordioso con sus hijos.

7

PANDEMIA MUNDIAL

Job 14:5 (RVC)

"Los días del hombre ya están contados; tú has decidido ya cuántos meses vivirá; su vida tiene un límite que no puede traspasar".

En febrero de 2016, mi jefe perdió el contrato y tuvo que cerrar la compañía. Mi hijo y yo nos quedamos sin trabajo. Estuvimos recibiendo un subsidio por desempleo durante el resto del año.

En diciembre de 2016, gracias a una recomendación de mi hija, quien estaba tomando una clase, acudimos a una agencia de empleos. A mi hijo lo llamaron primero que a mí para ofrecerle un trabajo.

En enero de 2017, comencé a reemplazar a una señora que había tomado una licencia de maternidad en el departamento de cuentas por cobrar, hasta mayo. La empresa se encuentra en Farmingdale, y derramé lágrimas cuando me fui porque me trataron demasiado bien, pero no había una vacante disponible en ese momento.

El mismo día que me fui de esa empresa, me llamaron para una entrevista al día siguiente, en la compañía donde actualmente trabajo. Por motivos de seguridad, me reservaré el nombre de la compañía. Empecé a trabajar en el departamento de cuentas por pagar. Al principio me trataban muy bien y todo marchaba normal.

Puedo expresar que pasé por unos momentos muy difíciles al trabajar con una colega que me trató muy mal, no solo a mí, sino también a otros compañeros. Nunca había derramado tantas lágrimas de impotencia en mi vida. Es difícil explicar cómo algunas personas parecen tener un "látigo" en la lengua para desmoralizar a los demás, actuando luego como si nada hubiera sucedido.

Después de un año, escribí una carta de renuncia porque todavía seguía siendo empleada de la agencia. Sin embargo, cuando pensé que me iba, Dios me mostró que tenía otros planes para mí y que no era el momento de irme. Me contrataron como empleada de la compañía en mayo de 2018. Hay veces en las que el Señor usa personas que llegan a nuestra vida para moldear nuestro carácter, para pulirnos, para que desarrollemos uno de los frutos del Espíritu: la paciencia.

En 2020, comenzó la terrible pandemia del COVID-19, que desencadenó una serie de muertes, comenzando por mi pastor Luis Ávila, que falleció en abril. Esto fue un golpe muy duro para la iglesia. En ese momento, no dejaban pasar a ninguno de los familiares y amigos a estar con los enfermos y no pudimos verlo. Después, en septiembre, falleció Piro, el esposo de mi tía Nubia. Fue doloroso para la familia, ya que mi tía, mis dos primos y él también enfermaron de COVID y estuvieron hospitalizados. Piro murió solo, sin que nadie lo viera, entubado y sin poder despedirse.

A pesar de las penas, en 2020 Dios nos dio una gran alegría: la boda de mi hijo Jonathan con mi nuera Alany, a quien conoce desde los 17 años. El Señor les permitió comprar una casa y mudarse al este de Long Island. Mi nuera es, para la Gloria de Dios, una mujer sabia y muy organizada, un ejemplo para toda nuestra familia.

El 2021 fue un año aún más difícil. En junio, enfermaron mi hermano Néstor y mi tío Rafael (Fefey). Tuve problemas con mi pasaporte y, de no haber sido por la misericordia de Dios, no habría podido llegar a ver a mi hermano en el hospital. Mi tío falleció el 20 de junio y mi hermano el 28 de junio. Fue algo inesperado. Perder dos miembros cercanos de la familia uno detrás de otro fue devastador, y hasta la fecha no nos hemos recuperado por completo. Solamente la mano de Dios nos ha provisto de consuelo, resignación y templanza para seguir adelante. Ninguno pudo despedirse porque estaban entubados. Mi hermano pudo escucharme y derramó lágrimas. Los recordaremos por siempre. Padre amado, gracias por el tiempo que nos los prestaste aquí en la tierra. Mi hermano tuvo dos hijas, Priscilla y Camille, quienes no pudieron verlo todo el tiempo que estuvo hospitalizado, ya que estaba en cuidados intensivos y ellas eran menores de edad.

Mi madre y yo contrajimos covid tres veces. Afortunadamente, gracias a Dios, los síntomas fueron leves, similares a los de una gripe común. Mi sobrina Yamila también estuvo grave y hospitalizada por esta enfermedad, pero, para la gloria de Dios, se recuperó.

Por último, el 15 de junio de 2023, mientras comenzaba a escribir este libro, encontraron muerto a mi tío Reynaldo, el hermano mayor de mi madre. Le dio un infarto en la madrugada y como estaba solo no pudo pedir auxilio. En realidad, en el mes de junio perdimos a cuatro miembros de la familia. Además, el 18 de junio de 2005, mi abuela Amada falleció debido a un paro cardíaco.

Solo puedo decir que, después de tantas pérdidas, además de las de otras personas cercanas que han partido con el Señor, es necesario ponernos a cuentas con Dios. Si alguno no ha aceptado al Señor como su salvador, por favor considere hacerlo por su propio bien.

Apocalipsis 3:20 (Reina-Valera 1960)

"He aquí, yo estoy a la puerta y llamo; si alguno oye mi voz y abre la puerta, entraré a él, y cenaré con él, y él conmigo".

8

LIBRE DE ATADURAS

Juan 8:32 (RVR 1960)

"Y conoceréis la verdad, y la verdad os hará libres".

Juan 8:36 (RVR 1960)

"Así que, si el Hijo os libertare, seréis verdaderamente libres".

En mayo de 2017, al comenzar en mi trabajo actual, conocí a una persona que, desde el principio, supe que era un hombre casado. No llegué a conocer a su esposa ni a los demás miembros de su familia. Esta persona me hacía sonreír, se preocupaba por mí y, poco a poco, sin querer, fue formando parte de mi vida. Un día, accedí a salir con él para explicarle que solo podíamos ser amigos, ya que siempre me hacía cumplidos y mostraba interés en mí. Fue en ese momento, de manera inocente, que sin darme cuenta me estaba exponiendo a una situación que me llevaba directamente a la tentación.

Terminé involucrada con esta persona. El enemigo te estudia y sabe cuáles son tus debilidades. Hacía 10 años que estaba sola. No estoy intentando justificarme, pero cuando se tiene hambre de cariño y afecto, uno no puede acercarse al fuego porque se quema. Al principio sentía remordimiento y el Espíritu me reprendía, pero está en nosotros aceptar la confrontación. Cuando ofendemos al Espíritu Santo, él se aleja poco a poco, y uno se queda solo, vaciándose espiritualmente.

Aquí pude darme cuenta de lo que me había pasado en todas mis relaciones anteriores y esta no era la excepción: me preocupaba más por agradar a mi pareja que a Dios. Cuando uno no está firme espiritualmente, y no tiene una relación íntima con Dios, está en el peligro de poner a su pareja en primer lugar. Cuando no hay una relación fuerte y una vida consagrada a Dios, es más fácil caer en tentación.

Muchas veces me sentía muy alegre y contenta porque me sentía muy querida y amada por esa persona. Sin embargo, cuando regresaba al silencio de mi habitación, mi propia conciencia me preguntaba: “¿Por qué lo haces? ¿Por qué destruyes una familia?”. Todo se mantenía en secreto y él mentía sobre nuestras salidas; fue una experiencia agridulce, que proporcionaba placer, pero también dolor.

Cuántas veces me dije a mí misma: “No es tuyo, es ajeno; no eres una mujer buena; ¿te gustaría que te hicieran lo mismo a ti?” Estos pensamientos asaltaban constantemente mi mente y mi corazón. En el fondo sabía que no estaba haciendo lo correcto. Estaba siendo egoísta y solo pensaba en mí.

Durante esta relación, seguía asistiendo a la iglesia y contribuyendo con el diezmo, pero me sentía atada. A principios de 2023, comencé a escuchar las prédicas de la pastora Yesenia Then, quien reprendía los espíritus inmundos que nos mantienen atados. Desde que empecé a escucharla, sentí que Dios me hablaba directamente. Ella propuso un desafío de levantarnos a las tres de la mañana durante 21 días a orar por tres cosas: 1- que se cumpla el propósito de Dios en nuestra vida; 2- por un avivamiento en los púlpitos donde se predica el nombre de Dios; 3- por misericordia para la República Dominicana.

Acepté el desafío y lo cumplí.

Después de esto, la última vez que visité un lugar con esta persona, al salir por la puerta, me enganché y se rompió mi abrigo. Esa misma noche, recibí un mensaje directo advirtiéndome que, si volvía a ese lugar, me exhibirían en público para mi vergüenza.

Después de esto se me cayó la venda de los ojos y sentí en mi corazón un arrepentimiento genuino y tomé la decisión de renunciar al pecado de la fornicación, y de reconciliarme con Dios.

1 Corintios 6:18 (RVR 1960)

"Huid de la fornicación. Cualquier otro pecado que el hombre cometa, está fuera del cuerpo; más el que fornica, contra su propio cuerpo, peca".

En ese momento, ocurrieron varias cosas. Me sentía triste, y las lágrimas se me salían por cualquier motivo. Sin embargo, no cuestioné a Dios; solo le decía: "Señor, dame fuerzas para agradarte y hacer tu voluntad". Quiero compartir que, cuando Dios me dio el valor para hablar con él y decirle que renunciaba a nuestra relación, le expliqué que lo hacía porque había decidido seguir a Cristo. Él me entendió y me dijo que ya sabía que yo lo iba a dejar, pero que no le preguntara cómo lo sabía. Me pidió que fuéramos amigos. Ahora le predico siempre acerca del amor de Dios y él ha aceptado a Cristo. Hasta el momento, me he mantenido firme y en comunión con el Espíritu Santo. Todavía el enemigo me tienta, pero me he plantado con autoridad, firmeza y determinación para no hacer nada que no agrade al Señor.

Santiago 4:7-8 (RVR 1960)

7 "Someteos, pues, a Dios; resistid al diablo, y huirá de vosotros".

8 "Acercaos a Dios, y él se acercará a vosotros. Pecadores, limpiad las manos; y vosotros, los de doble ánimo, purificad vuestros corazones".

9

PONER NUESTRA CONFIANZA EN DIOS POR SOBRE TODAS LAS COSAS

Jeremías 17:7-8 (RVR 1960)

7 "Bendito el varón que confía en Jehová, y cuya confianza es Jehová".

8 "Porque será como el árbol plantado junto a las aguas, que junto a la corriente echará sus raíces, y no verá cuando viene el calor, sino que su hoja estará verde; y en el año de sequía no se fatigará, ni dejará de dar fruto".

En otros momentos de mi vida he visto la mano de Dios librarme de la muerte, como las varias veces en que estuve a punto de ahogarme, ya fuera en un río, en la playa o incluso en una piscina. En una ocasión, viajaba en una camioneta con mi hermana y mi amiga María. Un hombre, cruzando la carretera justo en el momento en que pasábamos, fue impactado por la camioneta, y su cuerpo se estrelló contra el parabrisas, rompiéndolo en pedazos. Nos cayeron todos los pedazos de vidrios encima. Gracias a Dios, no nos pasó nada, y el hombre estaba tan borracho que cuando lo llevaron al hospital dijo que había chocado con un motor.

En otra ocasión, íbamos en una miniván mis dos hijos menores y otra familia (éramos 4 adultos y 5 niños) por una autopista de Pennsylvania a las dos de la mañana, cuando dos llantas explotaron al mismo tiempo. Fue la mano de Dios la que nos protegió. Justo después del accidente, mientras logramos controlar la miniván y moverla hacia la derecha, pasaron dos de los camiones más grandes a una gran velocidad. En fin, han sido incontables las veces que el Señor me ha librado de tener un accidente fatal. Sé que, cuando Dios tiene un propósito contigo, no te irás de esta tierra sin cumplirlo.

En enero de 2022 tuve el honor de ser abuela, con el nacimiento de mi nieto Gabriel. Gracias Padre por permitirme ver a mi primer nieto de mi hijo mayor.

Señor, cuántas lecciones me has dado. Desde marzo de 2022, he estado buscando casas y haciendo ofertas sin éxito. Le pregunté al Señor por qué no había encontrado mi hogar, y recordé la palabra que me había dado antes: debía ordenar mi vida.

Cuando tomé la decisión de no vivir más en pecado y presentarme ante Dios con un corazón contrito y humillado, Él me bendijo permitiéndome encontrar la casa y que aceptaran mi oferta.

Durante este proceso, que duró de marzo a diciembre de 2023, hubo momentos de estancamiento, de pensamientos negativos, y muchas personas me bombardeaban preguntándome cuándo se concretaría la compra. Algunos decían: “Si tu Dios es tan grande, ¿por qué no encontraste una casa mejor, más grande, más bonita?” Incluso mis hijos me decían: “Mami, no vamos a comprar ninguna casa, no nos vamos a mudar, ¿por qué ha tardado tanto el proceso?".

La vida, muchas veces, nos pone diferentes pruebas difíciles que nos dan momentos de tristeza y ansiedad. Pero como hijos de Dios, debemos confiar siempre en él, en su palabra. Si estamos tomados de su mano, ¿qué deberíamos temer? La respuesta es: nada.

El 13 de diciembre de 2023, para la gloria de Dios, se concretó el cierre de la compra de la casa. Gracias, Padre, porque contra viento y marea, y todas las vicisitudes y dificultades, logré comprar mi casa, que es tu casa.

He aprendido a confiar en Dios, aunque se levanten todos los gigantes, aunque no se vea una salida. Dios siempre tiene una. Practica la confianza en Él y descansa en su promesa, porque Dios nunca te fallará si permaneces en Él. No creas que ha sido fácil tropezar tantas veces con la misma piedra; en mi país decimos que nadie escarmienta en cabeza ajena. Eso quiere decir que cada uno tiene que pasar por su propio proceso, tropezar y caerse para volverse a levantar. La espera desespera, y para adquirir paciencia se necesita ser pulidos como el oro a altas temperaturas para sacar de nosotros lo mejor.

10

VIVIR POR FE

Oseas 4:6 (RVC)

Mi pueblo ha sido destruido porque le faltó conocimiento.

Primero que todo, quiero que sepas que el desconocimiento es una de las causas por las que enfrentamos tantas situaciones difíciles en nuestra vida diaria. Cada día libramos muchas batallas: en nuestra mente, en nuestro hogar, con nuestros hijos, con nuestras parejas y con nosotros mismos. Así que me hago la pregunta: ¿quién soy? Soy hija del Dios Altísimo, coheredera del reino. Todo lo puedo en Cristo que me fortalece. Cuando sabes quién eres, nadie puede venir a decirte lo contrario.

¿Qué es la fe? Hebreos 11:1 (RVR 1960)

"La certeza de lo que se espera, la convicción de lo que no se ve".

La fe es creer en lo que no ves, declarar la victoria como si la tuvieras en la mano, aunque todavía no la tengas.

Mi fe se basa en la creencia de que hay un Dios Todopoderoso, creador del cielo y de la tierra, que nos hizo a su imagen y semejanza.

Quiero aprovechar este medio para hablarle a esta generación, en la que me ha tocado vivir, y a las generaciones futuras que vendrán después de mí, y que quizás leerán este libro cuando yo ya no esté en este planeta. Este mensaje no es mío, es un mensaje de mi Padre que ha usado esta vasija de barro para hablarle a todo aquel que lea este libro.

Seguro has escuchado a muchas personas decir: "Arrepiéntete, Cristo viene". Y quizás te has preguntado, ¿qué significa eso? Te voy a explicar un poco qué quiere decir.

En estos tiempos que estamos viviendo, ofendemos a Dios con nuestros pensamientos, con nuestros actos y con nuestras palabras. Por eso la palabra "arrepiéntete" nos llama a arrepentirnos de nuestros pecados, porque el Señor vendrá en su segunda venida a la Tierra por una iglesia sin mancha y sin arrugas. Y si realmente deseas reconciliarte con Dios, lo primero que debes hacer es arrepentirte y pedirle perdón desde lo más profundo de tu corazón.

En este mundo no puedes servir a dos señores: o le sirves a Dios o le sirves a Satanás. ¿Y tú me dirás y ese quién es? También se le llama diablo, adversario, enemigo, entre otros nombres. Las personas que no han aceptado al Señor le sirven a Satanás, aunque no se den cuenta, porque no viven una vida que honra a Dios.

Quiero aclararte algo: cuando mueres, el alma sale del cuerpo, y si no has aceptado al Señor, Satanás se lleva tu alma al infierno. ¿Eso es lo que quieres? ¿Pasar la eternidad ardiendo en el fuego eterno?

En el mundo, puedes buscar todos los placeres que desees, pero solo te sentirás satisfecho momentáneamente mientras dure el efecto de la droga, el alcohol o cualquier otra cosa que estés buscando. Tu alma se siente vacía cuando clama a su Creador y no lo tiene en su vida.

Cuando aceptas al Señor, recibes su Santo Espíritu que vive dentro de ti. Por eso dice su palabra que somos templo y morada del Espíritu Santo.

Por experiencia propia, he aprendido a poner a Dios en primer lugar en mi vida. Le pregunto cuál es su propósito para mí cada día. No puedo describir con palabras la plenitud que se experimenta cuando Jesús es el centro de todo lo que haces. Para aquellos que buscan explicaciones lógicas, puede ser difícil de entender.

Dios es un Ser sobrenatural que actúa según Su voluntad, y nosotros solo necesitamos entregarle nuestras ansiedades y cargas, confiando en que Él se encargará de ellas.

Mateo 11:28 (Reina-Valera 1960)

"Venid a mí, todos los que estáis cansados y cargados, y yo os haré descansar".

Quiero recordarte tres versículos muy importantes:

Juan 3:16 (Reina-Valera 1960)

"Porque de tal manera amó Dios al mundo, que ha dado a su Hijo unigénito, para que todo aquel que en él cree, no se pierda, más tenga vida eterna".

Efesios 6:12 (Reina-Valera 1960)

"Porque no tenemos lucha contra sangre y carne, sino contra principados, contra potestades, contra los gobernadores de las tinieblas de este siglo, contra huestes espirituales de maldad en las regiones celestes".

Efesios 6:13-18 (Reina-Valera 1960)

"Por tanto, tomad toda la armadura de Dios, para que podáis resistir en el día malo, y habiendo acabado todo, estar firmes. Estad, pues, firmes, ceñidos vuestros lomos con la verdad, y vestidos con la coraza de justicia, y calzados los pies con el apresto del evangelio de la paz. Sobre todo, tomad el escudo de la fe, con que podáis apagar todos los dardos de fuego del maligno. Y tomad el yelmo de la salvación, y la espada del Espíritu, que es la palabra de Dios; orando en todo tiempo con toda oración y súplica en el Espíritu, y velando en ello con toda perseverancia y súplica por todos los santos".

11

LA OBEDIENCIA A DIOS

En **Mateo 6:9-13**, Jesús nos enseñó a orar:

Vosotros, pues, orad de esta manera:
Padre nuestro, que estás en los cielos,
santificado sea tu nombre.
Venga tu reino.
Hágase tu voluntad,
así en la tierra como en el cielo.
Danos hoy el pan nuestro de cada día.
Y perdónanos nuestras deudas, como también nosotros hemos perdonado a nuestros deudores.
Y no nos metas en tentación, más líbranos del mal.
Porque tuyo es el reino, el poder y la gloria por los siglos de los siglos. Amén.

2 Corintios 5:17 (LBLA)

"De modo que, si alguno está en Cristo, nueva criatura es; las cosas viejas pasaron; he aquí, son hechas nuevas".

Efesios 2:10 (RVR 1960)

"Porque somos hechura suya, creados en Cristo Jesús para buenas obras, las cuales Dios preparó de antemano para que anduviésemos en ellas".

Romanos 11:36 (RVR 1960)

"Porque de él, y por él, y para él, son todas las cosas. A él sea la gloria por los siglos. Amén".

Hebreos 4:12 (RVR 1960)

"Porque la palabra de Dios es viva y eficaz, y más cortante que toda espada de dos filos; y penetra hasta partir el alma y el espíritu, las coyunturas y los tuétanos, y discierne los pensamientos y las intenciones del corazón".

La verdadera prueba de tu obediencia se manifiesta cuando tienes la oportunidad de pecar y eliges no hacerlo. El enemigo te presenta el mismo escenario donde habías caído antes para volver a hacerte caer y volver atrás.

Cuando me despierto de madrugada, me pongo de rodillas frente a mi cama y oro. En ese momento de oración, hablas con Dios, te acercas a Su presencia y compartes lo que hay en tu corazón con Él. Es donde derramas tu alma, le das gracias por todo, lo alabas, lo glorificas y le cuentas todo lo que te aflige.

También de rodillas ejerces la autoridad que Él te ha dado en oración para derribar argumentos falsos.

¿Qué es un argumento? Es una idea sin fundamento. El enemigo continuamente ataca nuestra mente con pensamientos que son falsos, y muchas veces los creemos como si fueran verdad.

En agosto de 2023, tuve una experiencia con el Señor. Durante más de 2 horas, en las cuales oraba, lloraba, cantaba, hablaba en lenguas, estaba tirada en el suelo, buscando Su rostro y adorando al Rey de Gloria. En ese momento, me dijo que quería que predique Su palabra a todos los que me rodean.

Entonces, en septiembre de 2023, me inscribí en la escuela de formación y capacitación ministerial Trasciende. Para cumplir con la tarea que me fue encomendada, necesito una formación sólida en la doctrina y un crecimiento espiritual continuo.

En febrero de 2024, comencé a servir como diaconisa en mi iglesia, porque también había recibido el llamado del Señor de poner todos mis dones, talentos y habilidades al servicio de mi iglesia.

Este es un camino que he empezado a recorrer y en el que he tenido que tomar decisiones importantes. La palabra del Señor nos dice en **Apocalipsis 3:16:** "Pero por cuanto eres tibio y no frío ni caliente, te vomitaré de mi boca".

No puedes estar en el medio, decir que crees en Dios y, al mismo tiempo, seguir las corrientes de este mundo. "Estamos en el mundo, pero no somos de este mundo. Busquen primeramente el reino de Dios y su justicia, entonces todas las cosas les serán añadidas" **(Mateo 6:33).**

La Biblia nos dice que debemos ser transformados por la renovación de nuestra mente **(Efesios 4:23)** y que debemos tomar cada pensamiento cautivo a la obediencia de Cristo **(2 Corintios 10:5).**

"No os conforméis a este mundo, sino transformaos por medio de la renovación de vuestro entendimiento, para que comprobéis cuál sea la buena voluntad de Dios, agradable y perfecta" **(Romanos 12:2).**

Tu sistema de creencias puede contribuir a tu éxito o a tu fracaso. La mentalidad juega un papel muy importante en tu vida. He aprendido a reprogramar mi mente basada en todas las promesas de Dios para sus hijos y permitir que Él dirija y ordene mis pasos.

Filipenses 4:8 (Reina-Valera 1960)

Por lo demás, hermanos, todo lo que es verdadero, todo lo honesto, todo lo justo, todo lo puro, todo lo amable, todo lo que es de buen nombre; si hay virtud alguna, si algo digno de alabanza, en esto pensad.

Juan 16:33 (RVC)

"Estas cosas les he hablado para que en mí tengan paz. En el mundo tendrán aflicción; pero confíen, yo he vencido al mundo".

Siempre habrá tiempos difíciles; nos ha sido garantizado. Sin embargo, también existe una gran promesa: Cristo ha vencido al mundo y Él tiene el control.

Dios promete que el resultado de tu sufrimiento siempre será para tu bien. "Las cimas de las montañas sirven para las vistas y la inspiración, pero los frutos crecen en los valles". Tanto las cimas de las montañas como los valles de la vida nos hacen clamar a Jesús. Las cimas de las montañas nos hacen alabar a Dios, mientras que los valles nos hacen aferrarnos a Él.

Si pones tu fe en Jesús, Él tomará tu sufrimiento y lo usará para un fin positivo. **Romanos 8:28** dice: "Ahora bien, sabemos que Dios dispone todas las cosas para el bien de quienes lo aman, es decir, de los que han sido llamados de acuerdo con su propósito".

Es posible que estés recorriendo un valle que es increíblemente difícil y doloroso. Sin embargo, oro para que encuentres consuelo en saber que Dios tiene un plan. Puede que no llegues a ver el fruto de este lado de la eternidad, pero incluso ahora Él está trabajando a través de ti. ¡Tu vida es importante!

Por eso, al finalizar este libro en septiembre de 2024, he consagrado y entregado mi vida a Dios. He renunciado a los placeres de este mundo y he decidido seguir el blanco perfecto que es Cristo. **Filipenses 3:14**, donde Pablo dice: **"Prosigo al blanco, al premio de la soberana vocación de Dios en Cristo Jesús"**. Este blanco representa la perfección espiritual y la santidad, reflejando la imagen de Cristo en nuestras vidas.

2 Corintios 5:17 (Reina-Valera 1960)

De modo que, si alguno está en Cristo, nueva criatura es; las cosas viejas pasaron; he aquí todas son hechas nuevas.

El nuevo nacimiento que dice Jesús que todos debemos experimentar para tener la seguridad de ir al cielo, no solamente determina nuestro destino eterno, sino que también hará un cambio en la vida de cualquier individuo.

12

CONCLUSIÓN

La provisión que encontramos en las Escrituras para la sanidad de nuestros cuerpos es orar los unos por los otros. Santiago dice: "¿Está enfermo alguno de vosotros? Haga llamar a los ancianos de la iglesia para que oren por él y lo unjan con aceite en el nombre del Señor. La oración de fe sanará al enfermo y el Señor lo levantará. Y, si ha pecado, su pecado se le perdonará. Por eso, confesaos unos a otros vuestros pecados y orad unos por otros, para que seáis sanados. La oración del justo es poderosa y eficaz." **(Santiago 5:14-16 NVI)**

Lo que entiendo por este pasaje es que somos sanados físicamente cuando oramos los unos por los otros, pero también somos sanados emocionalmente cuando confesamos nuestras faltas entre nosotros. Es entonces, cuando somos transparentes y responsables con otras personas, que podemos ser sanados emocionalmente. Nuestros pecados son perdonados cuando los confesamos a Dios, pero nuestras heridas son sanadas cuando las confesamos unos a otros. Estas heridas, una vez sanadas, se convierten en cicatrices.

Aunque sanadas, estas cicatrices dejan una historia y consecuencias que solo la gracia de Dios puede redimir.

La promesa que tenemos en la fe cristiana es que un día Dios enjugará toda lágrima, y no habrá más muerte, ni llanto, ni lamento ni dolor, porque las primeras cosas habrán dejado de existir. **(Apocalipsis 21:4 NVI)**

Por eso creo que en el cielo ya no tendremos más cicatrices. El único con cicatrices será el Deseado de las naciones, cicatrices de la lanza y de los clavos, heridas que Él sufrió para salvarnos. A Él sea la gloria ahora y por todos los siglos. Amén.

A lo largo de este libro, he compartido mi vida, desde mi nacimiento hasta el tiempo presente. Cada cicatriz que llevo es un testimonio de la gracia y la misericordia de Dios.

He experimentado, tanto física como emocionalmente, el poder sanador de la oración y la confesión. Mis cicatrices no solo cuentan mi historia, sino que también reflejan la intervención divina en momentos de dolor y sufrimiento. Al compartir mis experiencias, mi esperanza es que otros encuentren consuelo y fortaleza en su propia jornada.

Dios ha transformado mis heridas en cicatrices que ahora brillan con su gloria, recordándome que cada adversidad tiene un propósito y que, a través de Él, somos redimidos. Espero que mi testimonio inspire a otros a buscar la sanidad y el amor de Dios en sus propias vidas.

ORACIÓN FINAL

Amado Dios y Padre, a Ti y solo a Ti sea la honra y la gloria por los siglos de los siglos. Te presento a cada persona que ha leído este libro. Extiende Tu mano de poder sobre cada uno de ellos. Abre sus ojos y oídos espirituales para que Tu gloria se manifieste en sus vidas, y que Tu Espíritu Santo los acompañe dondequiera que vayan, en el nombre de Jesús. Amén.

Espero en Dios que, a través de estas páginas que has leído, en las que he compartido mi historia y testimonio, hayas podido reflexionar sobre las cicatrices que has obtenido a lo largo de tu vida. Algunas cicatrices visibles no se pueden ocultar, pero las cicatrices emocionales solo Dios y el tiempo las pueden sanar.

Oro por ustedes como dice **Efesios 1:17 Reina-Valera 1960** "para que el Dios de nuestro Señor Jesucristo, el Padre de gloria, os dé espíritu de sabiduría y de revelación en el conocimiento de él", y que Dios cumpla Su propósito en sus vidas, para lo cual fueron creados.

La segunda venida de Nuestro Señor Jesucristo está cerca, y si aún no estás a cuentas con Él, te exhorto a que lo hagas para que puedas ser salvo y formar parte de esa patria celestial donde vamos a morar con Cristo por la eternidad.

Romanos 10:9-10 (RVR 1960)

"Que, si confesares con tu boca que Jesús es el Señor, y creyeres en tu corazón que Dios le levantó de los muertos, serás salvo. Porque con el corazón se cree para justicia, pero con la boca se confiesa para salvación".

Deuteronomio 6:5-9 (RVC)

"Y amarás al Señor tu Dios con todo tu corazón, y con toda tu alma, y con todas tus fuerzas. Estas palabras que hoy te mando cumplir estarán en tu corazón, y se las repetirás a tus hijos, y hablarás de ellas cuando estés en tu casa, y cuando vayas por el camino, y cuando te acuestes, y cuando te levantes. Las atarás en tu mano como una señal, y las pondrás entre tus ojos como frontales, y las escribirás en los postes de tu casa, y en tus puertas".

EL SIGNIFICADO DE MI NOMBRE

J O A N N E

Origen del Nombre: Inglés, derivado del nombre hebreo John.

Significado: (Yochanan) "Dios ha sido misericordioso".

Espectro Emocional: Una gran cantidad de energía positiva que necesita canalizarse.

Integridad Personal: Su honor es bien conocido entre sus amigos.

Personalidad: Nada es más raro que una buena naturaleza.

Relaciones: ¡Toma la iniciativa, sé audaz!

Viajes y Ocio: Las vacaciones son un tiempo de emoción especial para Joanne.

Carrera y Dinero: Hábil en temas financieros.

Oportunidades de Vida: No deja pasar ninguna oportunidad de avanzar; llegará muy lejos.

"No desprecies la sabiduría, y ella te protegerá y velará por ti."

"Dentro de cada letra se oculta una historia que espera ser contada."

J: como en Júbilo, representa la Alegría, la luz que siempre aportas.

O: simboliza lo Original, una de tus más grandes virtudes.

A: es por Agradable, tu cualidad más entrañable.

N: significa tu Nombre, que irradia calidez y encanto.

N: encarna lo Natural, tu ser auténtico y verdadero.

E: refleja tu Espontaneidad, con una calma y gracia innata.

"Joanne es mucho más que un nombre."

www.ingramcontent.com/pod-product-compliance
Lightning Source LLC
LaVergne TN
LVHW010121170826
845678LV00012B/2529

* 9 7 9 8 8 9 5 6 9 3 9 3 3 *